Rizzoli

Pubblicato per

Rizzoli

da Mondadori Libri S.p.A.

ISBN 978-88-17-18381-9

Prima edizione: novembre 2024
Seconda edizione: dicembre 2024

Realizzazione editoriale: PEPE *nymi*
Progetto grafico di copertina: Martina Gangi

LEVANTE

OPERA QUOTIDIANA

Rizzoli

Opera Quotidiana

Torna

Diva per sempre

Ci lasceremo tutto alle spalle

Nel Futuro più forte delle cadute.

Ho sempre cercato una via di fuga dalla paura. Le parole, specie in musica, sono la maniglia per aprire uno spazio fuori dal mondo in grado di restituirmi conforto. Così, nel febbraio 2022, dopo aver dato alla luce Alma Futura, la realtà ha iniziato a intimorirmi a tal punto da portarmi a creare un'altra uscita di sicurezza. Ogni mattina i quotidiani gridavano l'orrore che l'uomo è in grado di fare, contro se stesso, contro l'esistenza.

Le notizie minavano la serenità per ciò che di bello, puro e innocente avevo custodito dentro di me e da poco stringevo tra le braccia.

Nonostante, o forse proprio per, le preoccupazioni che mi stavano attraversando, ho sempre tenuto uno sguardo vigile su quello che accadeva intorno. Il governo reazionario, l'attacco russo sui territori ucraini, il fallimento di una pace europea, il carovita, la cronaca nera, ancora la guerra, il mondo che brucia, i femminicidi, ancora la guerra, il 7 ottobre di Israele, il resto della vita di Gaza. Così all'infinito, tutti i giorni per settecentotrenta giorni in cui ogni titolo, più o meno sensazionale, trovava dentro di me la volontà di resistere all'orrore, allo sconforto, alla paura.

Trovava la poesia.

Circa quattromilatrecentottanta quotidiani dai quali, sommati agli inserti, ho ritagliato i titoli più sorprendenti, incollandoli su pagine bianche, ricreando una nuova notizia, cambiando la forma del dolore in pensieri sull'altrove. Se avessero staccato la luce al mondo avrei continuato indisturbata, come un vecchio calzolaio nel suo laboratorio, perché tutto ciò di cui avevo bisogno non apparteneva a nulla dell'etere in cui abbiamo deciso di immergerci, spesso annegandoci. Era la montagna di quotidiani sparsi per terra, sul tavolo, sulle sedie, sul divano, insieme alle parole ritagliate ovunque – in giro per l'Italia in tour nei teatri, perfino in Giappone – a essermi necessarie. Le forbici, la colla e la complessità dell'universo che mi porto dentro.

Ogni giorno, come un'opera quotidiana, ho modificato la realtà.

Levante

ALBA

Sali da bagno

«C'è il mondo nei miei versi»

appeso a un filo

vuole continuare a sognare

nonostante tutto

mostra i muscoli

lotta contro un nemico invisibile

cerca l'ultimo salto

tra la grazia e l'inquietudine

COME FACCIO A DIRE CHE
NON SEI TU LA MIA COSA PREFERITA?
PAROLA. SEI UNA MAGIA.
SEI UNA MAGIA CHE MI ACCADE
DA CHE HO MEMORIA.
L'EMOZIONE MI ESPLODE NELLE VISCERE
E NELLE VISCERE TI TROVA.
COME FACCIO A DIRE CHE
NON SEI TU LA MIA COSA PREFERITA?

Scenografica e potente

Vado via,

con il senso di colpa di chi parte

e quell'aria un po' rassegnata

CHE NON HA NIENTE DI ME

Il fuoco che arde

Miseria e magia

è una missione

di vita e di morte

il mio sogno

è un anarchico dal potere immenso

A CHE BINARIO MI ASPETTA LA VITA?
E PERCHÉ PROPRIO AL 23?

Qui,
COSÌ TANTE VITE
Spiriti, alieni
e altri misteri
sono io
la regia disperata:
La postura stretta sui nervi
La memoria olfattiva
Le distorsioni
Le geometrie emozionali
Nei mondi infiniti
la mappa del dove
per fermare
quell'ostinata volontà
di accettarmi così come sono
per imparare tutto

A VOLTE VORREI ESSERE ALTRO DA ME.
SENTIRE MENO.
PENSARE MENO.
PARLARE MENO.
MENO.
SOTTRAZIONE DEL TUTTO.
SOTTRARMI AGLI ABISSI
PER SOMIGLIARE ALLA SUPERFICIE.
A VOLTE VORREI ESSERE LA SUPERFICIE.

IMMERSI NEI BAGLIORI

di un giorno qualunque

sentivamo la ventata di libertà

Le nostre vite

in bilico tra le onde

hanno scelto la speranza

come unica via di salvezza

ma Il vicolo cieco

DEL mare

ha svelato

La fine dei sogni

abbracciati sul fondale

ABBIAMO RISCHIATO TUTTI FINO A QUI,
A VOLTE ANCHE SENZA MUOVERE UN PASSO.
CREDI CHE A STARE FERMI NON SI RISCHI NIENTE?
E VEDER PASSAR LA VITA SENZA
STRINGERLE I POLSI TI SEMBRA POCO?
ORA CHE NON RIESCO A MUOVERMI
DALL'IMPRONTA CHE HO DATO A QUESTO MATERASSO
HO FORSE PIÙ CORAGGIO DI CHI SI È ALZATO
E HA FINTO DI ESSERE UGUALE A IERI.

La tentazione pericolosa
di affidarsi al **coraggio**
Vincere la paura della paura

col fiato sospeso
per sperimentare altre strade.

Finalmente
LA METAMORFOSI

e io posso farmi da parte

Un fiore alle spalle
È L'ORA DI
Cambiare pelle

Le case che eravamo
sono un'illusione

Non si abitano le stanze dei ricordi

La tua voce

carissima
stella nera
principessa inquieta
nel regno dei maschi

hai
LA COLPA DI ESSERE
un cervello a Cuore aperto
con Passo leggero
avanza ancora
Questa è la *TUA* voce

alzala

LASCIARE ANDARE QUELLO CHE NON SIAMO
IN GRADO DI AMARE DAVVERO È UN GESTO
ALTRUISTA DI CUI NON SONO CAPACE.
CAPACE, INVECE, COME UN GIGANTESCO
CONTENITORE DENTRO CUI OSPITARE OGNI
SINGOLO MOMENTO DI SUSSULTO,
SEPPURE INUTILE ALLA COSTRUZIONE DI
QUALSIASI COSA ASSOMIGLI A UN LEGAME,
PER POTERCI GUARDARE DENTRO E
REALIZZARE DI AVER VISSUTO.

la Scenografia di settembre
il fascino imperituro
di Un uomo in ascolto
Le parole Enormi, strapiene
DELLA DOLCEZZA
CHE non ho
Alla mia età si cade
nella trappola dell'entusiasmo

Le opposizioni insorgono

Vado
prima che arrivino le emozioni

SU CHE PIANETA SIAMO ~~FINITI?~~ FERITI?
SEI STATO TU A DIRE DELLA DISTANZA
EPPURE TI HO SEMPRE VISTO A
UN MILLIMETRO DA ME.

Ecco il nostro noir esistenzialista
superstiti
Liberi dal fascino dell'abbandono
oggi non ci parliamo più
dice
«Troppi ostacoli da superare»
MA TRA NOI CI FU UN INCANTESIMO
e i ricordi
non hanno smesso di urlare
Meglio controllare Il Telescopio spaziale
Per sapere
su che pianeta siamo feriti
rinuncio a tutto
ma non al LE PAROLE PER DIRLO

Addio alba

NON HO MAI CAMBIATO IL NUMERO
DI TELEFONO, NON VORREI MAI
NON RIUSCISSI A TROVARMI.
CHIAMAMI, COSÌ SAPRAI CHE SE
NON RISPONDO, L'HO SCELTO.

L'alieno

con la sua aura di invincibilità,

legge Proust

IL RITORNO AL PASSATO

Chopin sul velluto

Melodico flusso

è un forziere delle meraviglie

lo alimentano

la nostalgia il glicine e i tigli

telefonava all'alba,

Lui diceva:

lottiamo contro
la stessa malattia

la mia VOCE **lo rassicura:**

per salvare il paradiso

E GUARDARSI L'OMBELICO
COME FOSSE IL CENTRO DEL MONDO
E, INVECE, NON E' NEMMENO
IL CENTRO DI TE.

CHE COSA VUOL DIRE
Non si può più dire niente ?
Ma cosa ci dice
il cervello!
sfida l'Intelligenza

per illuminare il buio
INFESTA L'OGGI CON SUBLIMI DUBBI
Fuori è bello
e ci riguarda
nati altrove
siamo Complessità collettive

ora ne vediamo la fragilità

SIAMO FORMICHE SOTTO LE SUOLE
DEL CREATO.
E NON SMETTE DI GIRARE IL MONDO
SE SMETTIAMO DI GIRARE NOI.

All'ombra
Tra gli alberi
La frutta cresce pure in guerra
le foreste
dimostrano la loro forza
per la terra IL MALE
È SOLO UNA COINCIDENZA
Nella Danza della pioggia
il verde **sopravvive**
perché ama l'imperfezione e parla al plurale
L'umanità che si frammenta
fa Il tonfo di
una bolla di sapone

PERCHÉ É STATO COME VIVERE
LA SINTESI DEL MONDO, UN RIASSUNTO
ESAUSTIVO DI CIÓ CHE SIAMO, IN UNA
SOLA FETTA DI MELA.
E AD OGNI COSA ESTRANEA NON È
SOPRAGGIUNTA LA SOLITUDINE.

New York
SPLENDORE
Non prendiamoci
in giro
Qui ho trovato La meraviglia
e il tormento
ma non può esistere
L'INFINITO di
una storia
d'amore
al di là del male
So Di volerti bene
senza fine

IL SUO NOME INIZIA CON LA A
E FINISCE CON LA A.
LA PRIMA LETTERA DELL'ALFABETO
PORTA IL SUONO DELLA MERAVIGLIA,
DI UN SOSPIRO, UNA PREGHIERA.
MAESTRA D'AMICIZIA,
PALADINA DEI ROMANTICI.

Ti ammiro sorella geniale
sempre ribelle
straordinaria eroina in nero
trovata
Nel corridoi mentali
a spasso tra **i pensieri**
DOPO
LA TEMPESTA
Una corsa a ostacoli
Il labile confine tra il bene e il male
l'anima ferita
risponde **più forte di prima**
l'alba della speranza
è una diga al dolore

ci sono giorni Che
riempiono vuoti cruciali

DICONO CHE SONO SEMPRE IN GUERRA.
DICONO CHE NON CE N'È ALCUN BISOGNO
E CHE SE STO BUONA IN UN ANGOLO
E SMETTO DI STARE IN MEZZO AI PIEDI
A INTRALCIARE LA STRADA D'ALTRI
ALLORA ANDRÀ MEGLIO.
SE NE STANNO ATTORNO A UN TAVOLO
DISCORRENDO DEI LORO DESTINI E
DECIDENDO ANCHE IL MIO.
HANNO TONI ASSORDANTI E DUNQUE GRIDO
PERCHÉ POSSANO ASCOLTARE ANCHE ME,
MA SE GRIDO SONO PAZZA.
HANNO MODI ARROGANTI E ALLORA
MI IRRIGIDISCO PER RIMANERE IN PIEDI
ANCHE IO TRA LE SPINTE DEI LORO EGO,
E COSÌ MI RACCONTANO COME UNA STALAGMITE.

Signora
delle armi
volano gli stracci
in LINGUA FRANCESE
Sono pronta
ho appena preso un
pugno sul naso
sente l'odore del sangue ?
ma sono in pace con me stessa

Ho mille vite

NON HO AVUTO BISOGNO DI PIEGARE NULLA
TANTOMENO IL PENSIERO.
NESSUN TRATTO DI PELLE HO SCOPERTO
PER VOLERE ALTRUI, NESSUN LEMBO DI PELLE
HO MOSTRATO PER PIACERE ALTRUI.
NON HO GEMELLI, SOLO LE MIE STELLE
VIAGGIANO IN COPPIA.

NON
PARAGONATEMI

metto la vita nella musica

L'anima trova
un'altra liturgia

Che cambia
tempi e parole

questa è La mia

DIREZIONE
OPPOSTA

MAT
TI
I
N
A

LA DISPERAZIONE IN AMORE
~~È UN SI~~ È UNA SMORFIA DI DISGUSTO
SUL MIO VISO...
TUTTAVIA MI AFFASCINA IL CORAGGIO
DI CHI NON TEME IL ~~DORO~~ DOLORE
DI UNA PORTA IN FACCIA.

TORNA

ho sbagliato, potrai mai perdonarmi?

Le lacrime
continuano a sgorgare

Ciò che è stato

Le idee luminose

ora non si trovano più

IL CENTRO DEL MONDO È

La solitudine

L'anello di congiunzione

del bene si sigilla

«Ci lasceremo tutto alle spalle»

non è finita

CADERE
RIALZARSI
CADERE
RIALZARSI
CADERE
RIALZARSI
CADERE
RIALZARSI
CADERE
RIALZARSI
CADERE
RIALZARSI
CADERE
CADERE
RIALZARSI
CAMMINARE

Ricominciamo dal suono

HAI SENTITO BENE!

Il boom

del dolore

ESISTE DAVVERO

i danni del fuoco

i non mi fanno paura

TORNANO A CASA

Sempre meno

solo se necessario

il futuro prossimo

Questi
siamo noi

Se c'è da capire la vita

QUANDO TI HO VISTO PER LA PRIMA VOLTA.

Interno giorno

Il giorno dopo
un tuffo nella lana
ignoravo la trama
Tanti sguardi
dea passione
Ritorno alla dolcezza
Così la mia testa
è diventata
Pianeta
Nella galassia
della carne
Che Ti CUSTODISCE

E NEL DOLORE MIA MADRE MI DISSE
"LA VITA È MERAVIGLIOSA PERCHÉ
TI DA SEMPRE UNA POSSIBILITÁ
DI RISCATTO"_
COSI', UNA MATTINA, ARRIVÓ LA PRIMAVERA_

Euforia
Perché dopo l'inverno
Finalmente a casa
c'è una nuova luce
Una danza maschile su un prato verde
tra i ciliegi in fiore
ha la forza del teatro
svanisce, la rabbia
urlo di gioia
ora dice: «Mi piace
farmi trovare
dove non mi si aspetta»
Poi sono diventata
i suoi occhi e le sue mani

IO SONO PERCHÉ TU SEI
E SE VAI VIA IO DIVENTO ALTRO.

STAI
Resta ancora
resta al centro della vita
Non c'è posto più sicuro
del nostro tempo
il futuro
È LIQUIDO
destinato a cambiare
per diventare
Ogni Cosa
dentro
LA MATERIA
DEL MONDO

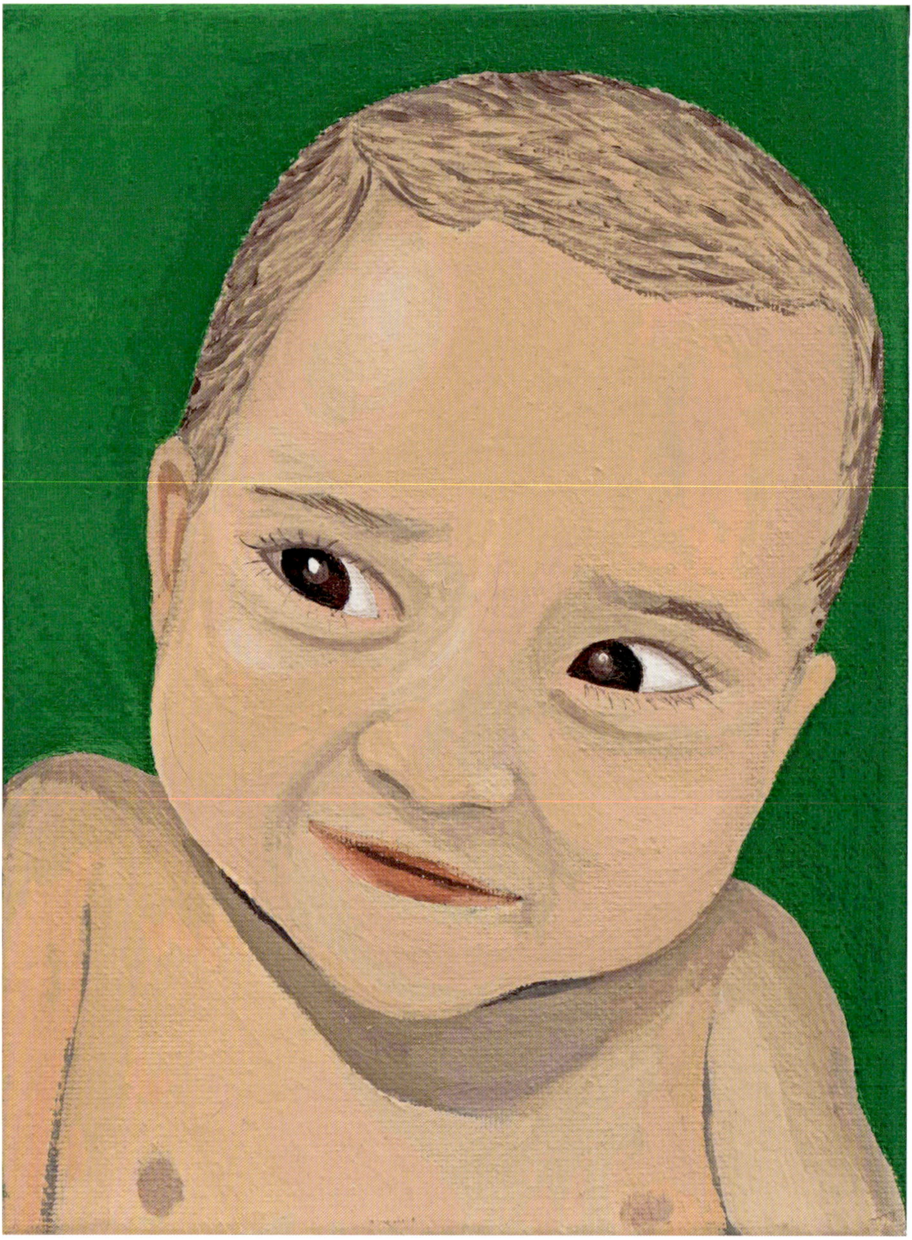

Alma

Tutto
Lo splendore
si mette in mostra
Nelle distese di rose irregolari
DEL TUO corpo
Candida, fragile, preziosa
la lingua del sorriso
è un microcosmo luminoso
adesso so davvero chi sei

ED È TUTTO QUI
l'Universo

IMPOSSIBILE CONFONDERSI
ANCHE IN MEZZO A MILIONI DI OCCHI.
IMPOSSIBILE CONFONDERTI.

Ora parli
emanazione di un pensiero libero
come fuori dal mondo
nelle coreografie delle idee
le tue Parole si muovono
Ballando con Il senso
La bellezza svelata oltre il corpo
con una cura maniacale
E Una sensibilità moderna
da decifrare

storia di un puro
le CUI differenze
Col creato
si sono viste

STRATO INCOERENTE DI COLORE
BRUNO ROSSASTRO.
IO TROPPO ESPOSTA, MASCHERA
DI FERRO, ALL'OSSIDAZIONE
IN TUO POTERE.

riappare

con LA TEATRALITÀ DEL GESTO

e Il caffè è servito

qui al confine del realismo

Siamo due dispersi

Nel Palazzo delle Scintille

GLI ULTIMI ABITANTI del mondo

se ne va senza dirlo ad alta voce

ma è Troppo tardi per il cuore

lanciato verso la perdizione

LA STORIA FINISCE QUI

UN TEMPO ALLEGRO. ALLEGRETTO.
ERA L'ANDAMENTO DELLA MUSICA
CHE TI SEGUIVA, AD OGNI PASSO
DAVANTI AI MIEI OCCHI.
E IL MIO CUORE NON TENEVA IL
RITMO.

ORA UN TEMPO TRISTE, SENZA QUELLA MUSICA.

una MONTAGNA sulla barca nel MARE

il Giramondo
ha un mondo dentro
CON VISTA SUL FUTURO
Spalle larghe
senza tormenti
l'orchestra nella testa
festeggia Vivaldi

solo Per tutto questo
La resistenza gentile
della mia Ossessione
senza fine

OGNI COSA
INSORMONTABILE_

ADOLESCENZA

ìle tue battaglie **frammentate**

dal la lacrima facile

senza patente

nell'oceano **di** Collassi, mancamenti, svenimenti.

Il cuore è come una strada all'ora di punta

e ancora non lo sa

CHE **nel futuro** **non** **cambia**

L'urgenza del sapere

per vivere sempre al massimo

OGNI **cosa** È Un' **OPERA PRIMA**

e poi si diventa grandi

HO SMESSO DI CERCARE
VOGLIO SOLO SCOPRIRE.

...e adesso noi siamo costretti
a fare i conti con il significato
e LA RICERCA DI SENSO

ma a me piace
mi piace ancora *pensare*
a NOI Come un mistero
che fa girare il mondo
anche se rischia di essere
il caos
non c'è altro modo
DI ABITARE la luce

da quando sono qui

CAOS_

QUESTO MONDO È UN VORTICE CENTRIFUGO
che unisce i destini
sfida il dolore
vende vite nuove
Tutti i misteri vanno cercati altrove
Coltellate di bellezza
fra verità e bluff **e versi taglienti**
Così mi ha delusa
Avremmo dovuto
decidere la cancellazione
del NOSTRO BISOGNO DI **FUTURO**

al potere non c'è cura
e ci sentiamo smarriti nel caos

Il primo caffè

EBBREZZA
siamo noi
All'alba o al tramonto
LA LEGGEREZZA va più veloce del previsto
DANZE poetiche sulle DOMANDE
e le risposte possibili
da qui non si passa
timori per l'occupazione DOVE OGNI UOMO È NATO
e la sua architettura cede
come PER un terremoto
una mossa DA MAESTRO
aspettami sto tornando
con il CAFFÈ

– CHE COS'È PER TE LA LIBERTÁ?

– NON SENTIRE IL BISOGNO
DI RISPONDERE A QUESTA
DOMANDA E DUNQUE NON FARLO.

Mi piace infranger

i recinti

oltre

IL FASCINO DEL POTERE DELLE IDEE

Il pensiero

Libero e indipendente

deve volare alto

Ci univa un forte antifascismo

COSA C'ENTRA
L'ESIGENZA CREATIVA
CON IL MERCATO?
NULLA. NON C'ENTRA NULLA.

il desiderio di essere

Divi

IN UN OLIMPO

che non *LASCERÀ IL SEGNO*

I misteriosi talenti

senza valore

L'arte in gara

profonda come Una fogna

Esiste?

Essere ciò che si è, dire solo ciò che si sa:

la mia creatività operaia

e *Il privilegio*

di essere snob

Madre

Non provate
a fermarmi
ho iniziato a lavorare sull'idea di andare via
Non saper più ridere
non sempre
è possibile dirlo
NEGLI OCCHI
Siamo fatti
di un coraggio che
si svuota
sulla lingua

"VADO ALLE DOCCE" MI HAI DETTO
E UN SECONDO DOPO HO
ABBANDONATO LE TUE PAROLE
SULLE SCALE DELLO SCIVOLO PIÙ
LUNGO E PIÙ ALTO, PER RAGGIUNGERE
RAPIDAMENTE LA SABBIA NON PIÙ ROVENTE
MENTRE ALLE MIE SPALLE TRAMONTAVA IL SOLE.
RIPETUTI SALI E SCENDI FINO A CHE NON TI HO
PIÙ TROVATA. HO CORSO FINO A NON SO DOVE
E PRONUNCIATO IL TUO NOME SPERANDO
CHE LA MIA VOCE TI RAGGIUNGESSE PRIMA
DEI MIEI OCCHI.
LA MANO ADULTA DI UNA SCONOSCIUTA MI HA
RIPORTATA A TE. ERO STATA IO A DIMENTICARTI,
PER FORTUNA. NON TU.

come arde
Catania
leoni aL mare
«Che voglia di tuffarmi»

ascolto la risata di mia madre
Che mi ha insegnato la felicità
merita un premio

E le nostre
giornate *perfette*
vanno veloci

LA Polaroid dove ritrovarci tutti
si chiama MEMORIA

ÈRE HAINE
ÇA SUFFIT !!
meriggio

PARIGI MI DEVE PIÙ DI UN BACIO.

OTTOBRE

l'energia del Cielo

voleva chiudere le finestre

e non ho provato emozioni

si è tirata indietro

Non voglio morire

mentre Parigi brucia

Come

Una love story

Scintille

servirò fino alla fine

I PRONOSTICI SULLE VITE.
GLI ESSERI UMANI SANNO ESSERE
MOLTO STUPIDI.

Luglio torrido
Arriva un vento
In punta di piedi
Sotto l'acqua
La nostra danza
È sparita nel nulla,
ci davano per morti
ma a me veniva da ridere
Ho fatto anche
Una scoperta

LA SCOPERTA DELLA FRAGILITÀ

CHE PERFEZIONE SPERI
DI TROVARE?

un colpo di fulmine,

E tutta la città si mette in mostra

Sta cominciando una tempesta

ma che fai?

mi lasci sola?

Non andare **mani di forbice**

Voglio credere che

sei tu

che siamo noi

che **non siamo**

dei fenomeni

ma nemmeno

Il contrario **DELL'** amore

Serpe

Amata Domenica
arriva il giorno
La luce illumina
il suo CORPO
arcipelago delle rarità
e trasforma il respiro in musica

la sua forma perfetta
danza senza velo
nell'ultimo Sud

noi nodi di mani e volti
terra magica che non riposa

VIETATO APPICCARE IL FUOCO.

DENTRO E FUORI di lui

C'è troppa rabbia.

a cosa serve ?

NON PORTA DA NESSUNA PARTE

in cerca di

nuove Fiamme

mette al rogo sé stesso

Impossibile accedere

a Una testa senza pace

Il folle

Incandescente

Quando ritrova la ragione

resta a mani vuote

NON SONO GUARITA
PERCHÉ NON SI GUARISCE.
NON SONO GUARITA
PERCHÉ NON C'È DA GUARIRE.
QUESTA NON È LA MIA MALATTIA.
QUESTA SONO IO.

colpisce
come
La guerra scritta sui muri
sa combattere
senza mezzi toni

mi ha cambiato
mi ha deluso
mi ha quasi ucciso
al telefono

AL TELEFONO
CON
NESSUNO e giornate senza fine

L'AMORE
è una parolaccia

1996

estate calda di Sicilia
pomeriggio
Ho visto il Tuo corpo
con il vestito nuovo
io e te
Troppo Giovani per l'ultimo giorno
dentro un batticuore
di un Bacio rubato sulla fronte
La fine della tua vita
ha cambiato La mia

è così crudele
la lezione sull'orizzonte

MERITI LE TUE SCELTE, AMORE.

Qui un tempo c'era
un giardino per te
una casa senza porte
una valigia
una lettera
UNA PROMESSA
Un filo Che ricuce le ferite
La mappa delle Libertà
la pace nel deserto
La strada verso il mare
Vulcani, cascate, luci
lo spazio ritrovato

era il posto giusto
infranto cuore efebo

VEDERE OLTRE IL VISIBILE
RACCONTARE L'INENARRABILE

TUTTE LE VOLTE
con lo sguardo
si sporca le mani
come un occhio
CHE STRIZZA il cervello
perché sa che *Uno squarcio di verità*
deve volare ancora
la testa mette le ali
per ritrovarsi nel suo stupore
SMARRIMENTO del ventre
Esultanza del cuore

anatomia d'artista

DUE COSE RENDONO
INDIMENTICABILI
ALCUNI MOMENTI:
LA GIOVINEZZA E IL GIN.

il Gin di sottofondo
nella coppa dei rimpianti
La memoria fa resistenza
invasi a rallentatore da
Segni di bellezza
e sul cammino della bocca
Le strade sono infinite
CHE COSA HANNO IN COMUNE
due debolezze come noi ?
l'umanità disperata
Poche gocce ancora
PER CAPIRE chi sei
e Perché proprio L'amore ?

NON PUOI AVERE TUTTO.

le mani
A un passo
dal cuore
magica creatura di fuoco
e l'odore del mare
congiunzione
di primavera
scalda La vista che naviga
e Il vero viaggio
LO fa il pensiero
cervello in cella confessa
"Ho provato Ma
non ho avuto il coraggio"

la filosofia della rinuncia

Domenico

NON INVALIDARLA.
È LA MIA FERITA
DI TANTO IN TANTO SANGUINA
NON POSSO IGNORARLA.

Nessuno tocchi
Il dolore
il Mago rivelato
È una grande fiera della pena
Espressioni DELL'ISTINTO
Tra le lacrime
di chi è solo
nessuno ci ha avvertito
CHE La SOFFERENZA
non va dimenticata
c'è bisogno di condividere
La disgrazia
per La gioia di vivere

TRAMONTO

QUANDO SI ALLONTANA IL SOLE
MI VESTO DEI PENSIERI PIÙ NOSTALGICI
E RIPERCORRO OSSESSIVAMENTE
LE STRADE SU CUI NON HO MAI VIAGGIATO.
IN UN TEMPO FERMO, DOVE OGNUNO
DI NOI È RIMASTO INTATTO E POSSO
ANCORA SPERARE.

AL TRAMONTO
Le mille storie
delle nostre imprese:
si riprendono le strade

Hai tra le mani
un rischio stupido
che non ti aspetti
La cura
PER RIPARTIRE
più forte delle cadute:

ripetuti all'infinito

QUANTI TENTATIVI DI AMARE.

BOOM!

la reazione atomica

per il bacio infinito

È l'espressione del nostro tempo

un **peccato originale**.

Il **Giudizio univer-**
sale affrescato nella

MEMORIA

abbiamo sfiorato

L'anima viva

lontano dai luoghi comuni

Quanta nostalgia ci parla ancora

E il silenzio irreale

va in scena

RESTA
NONOSTANTE L'ASSENZA
DI SPAZIO. TROVA IL MODO
DI PRENDERE POSTO.

La bellezza
Non se ne va mai
non è in pericolo
DIALOGA CON la sofferenza
cambia pelle
Conosce l'esilio
si prepara alla guerra
sopravvive alla morte
resta
L'eterna malìa
del
tutto

MI PRENDERÓ
TUTTO QUELLO CHE MI SPETTA.
SENZA CHIEDERE IL PERMESSO.
SENZA CHIEDERE SCUSA.
SENZA CHIEDERE.
MI PRENDERÓ
TUTTO QUELLO CHE MI SPETTA.

Essere furiose per l'eternità

animi Irriducibili

sulle punte

della protesta

tra Il fango, i fiori, l'orrore

Occupare Lo SPAZIO

È UNA STRADA

OBBLIGATA

E

fa scoppiare il SISTEMA

ostile

Restituite

il diritto ai nostri

Mille futuri

Il telefono non squilla

per prepararmi

al distacco

Ho scritto una lettera

E TRE parole

"Mi mancherai molto"

E DESIDERARE LA VITA
SENZA PERDERSI D'ANIMO

dall'ombra sogna
di tirare fuori la luce

in questi labirinti
si ritrova

Se si spegne la musica
DANZA

si divide per tutti
E resta INTERO
senza tempo
va a ritmo

UN PIANETA DI NATURA LUMINOSA
Il mio cuore

RIMANE UN MISTERO, PERSINO PER ME.

SUCCEDE MA NON È LA FINE.

la vita e il dolore

A VOLTE

hanno la stessa tinta

Così esplode la rabbia

E mi Vien **Voglia**

di SCRIVERE **contro il**

cielo CON IL FUCILE

La mia voce

A passo di danza

In tutta la città

tra **Le domande che ci tormentano**

NONOSTANTE TUTTO,
DI UNA COSA SIAMO CERTI.

ATTACCO STELLARE

È TUTTO UN ATTIMO

Sono ancora vivo?

mi ha parlato!

"Il tempo è scaduto"

Il dado è tratto

Il viaggio dell'anima mi fa paura

per non dimenticare LA VITA

Ho fatto Una Fotografia

e ORA

la luce chè mi ha generato

È la stessa

Che mi acceca

NON È NECESSARIO FARSI
PROMESSE, È GIÀ DIFFICILE
MANTENERSI, ~~FIGURARSI~~
~~MANTENERE LA PAROLA.~~
TENERSI PER MANO.
POTREBBE BASTARCI LA SINCERITÀ.

Sulle orme di Noi
andare lontano
e sentirsi a casa
Avventurosi, magici, folli. E liberi
una grande emozione
sempre diversa
è ancora possibile
Colpire al cuore
senza farsi male
capace di elevare lo spirito

una sera arrivò Il silenzio
per riconoscere Luci e ombre
«Ma noi resistiamo ancora»

CI SI ABITUA A TUTTO,
ANCHE ALLE PIU' DOLOROSE ASSENZE.
E QUESTO FA PIU' MALE
DELL' ASSENZA STESSA_

la pausa fa spazio

AI fallimenti e le paure

Lontani, poi il saluto

dentro la gabbia della fine

Inverno difficile e attese infinite

il sapore dell'abbandono

è ancora ostaggio della memoria

ovunque

Le correzioni

senza tenerezza

RIPENSARSI essere

tra LACRIME DI PIETRA

E L'ADDIO CERTO

TRA GLI INNUMEREVOLI MODI PER DIRSI ADDIO
SCELSE LA SUA GRAFIA SUL COMODINO
BIANCO DELLA MIA CAMERA DA LETTO.
SULLA CARTA DI FORTUNA PER DIRE CHE
NON ERA PIU' IL TEMPO, NE IL LUOGO.

mi chiese carta e penna e scrisse
«Mi sono difeso»
sorrise l'ultima volta
Vidi che i suoi occhi
non erano più gli stessi
mi rubò Un secolo
ancora **china** sulle parole

Pensavo fosse di più
e invece era DI Meno

LA RESISTENZA.

mentre si amavano
su Pavimenti sciolti dal fuoco
di un tramonto
erotico
UNA NUVOLA DI FUMO
dal mondo
Giocava a farla finita
NELLA *FORZA* giovane
la **bellezza**
non cede **alla** violenza
CON L'ANIMA AVVOLTA
Nel piacere

La lezione di libertà

ALLa vita banale dei carnefici

CREPUSCOLO

IO NON APPARTENGO A NESSUNO
TANTOMENO A UN VIOLENTO.

ANDIAMO PIÙ VELOCI

con le parole

si ritrovano fra noi

Alcol e pistole

Il violento

tutto esaurito

per lasciare il segno

Dentro & fuori

DESIDERA
DISPERATAMENTE

Pugni in faccia

e ti mozza il fiato

L'INIZIO DELLA FINE

IL TELEFONO NON HA MAI SQUILLATO,
MAI PIU'. SE NE STAVA LI' IN POTENZA
SENZA NESSUN POTERE.
SOPRAMMOBILE INUTILE MA PIENO
DI SPERANZE... E COSI' HO ESERCITATO
L'ATTESA.

NOI SIAMO L'ONDA

Il miracolo

di sparire e tornare

LA VITA,
ANCORA

Fin dove arriva

Chiamami

nell'orizzonte che si è fatto basso

perché il tempo non è infinito

e *sempre più*

Il mare diventa cielo

con vista sull'universo

NESSUNO HA VOGLIA DI AFFONDARE LE
MANI NELLE MISERIE ALTRUI.
QUELLE, NON SERVE UN GRANDE SFORZO
PER TROVARLE ANCHE DENTRO DI SÉ.
TUTTI, INVECE, VOGLIONO SAPERE QUALI
TRUCCHI SI NASCONDONO DIETRO A UN
SORRISO, LA LEGGEREZZA, LA VITA FELICE.
TUTTI VOGLIONO LA VERITÀ,
NESSUNO VUOLE SENTIRLA.

LA VITA È DIFFICILE ANCHE PER DIO.

Ore al microscopio
Io e i drammi
MI SONO STRAFATTO DI ANTIDOLORIFICI
per stare meglio
NO Non è elegante

ma non mi mette a disagio
SERVE DIRE LA VERITÀ
Non posso risolvere tutto
È importante anche fallire

Vorrei uscire
Alla ricerca
delLa mia costellazione

PERCHÉ MI RICORDI LA POESIA?
EPPURE NON CI ASSOMIGLI AFFATTO.
FORSE ERO IO LA POESIA, CHE NON HAI
MAI LETTO_

spalle al muro
NOI E LA SBRONZA
Faccia a faccia
Fatico a formulare le frasi
CHE rendono adulti
La poesia corre sui muri
e Da soli non ce la possiamo fare
a dire un chiaro no
vorrei restituire i ricordi
per misurare la vita Senza
di te

IL FUSO ORARIO DELLE
NOSTRE VITE.

Ci vediamo

anzi no
Evitiamo queste tragedie

lo so Sono colpevole anch'io
del **Le lacrime**
Da questa parte del mare

e Quella venerazione
come una preghiera
è stata
*un oltraggio al*LA **mia** *intelligenza.*

per *due* mondi capovolti
Gli orari non tornano
per tornare a parlarsi

LANCIA LA MONETA
ED ESPRIMI UN DESIDERIO.

Roma

FATALE

Diva per sempre

che non sa dire grazie

mi stava facendo morire

con *LA SUA MAGIA*

che resiste ancora

sulla Via della sera

il mio cuore Cercatelo lì

ESCE TUTTE LE SERE
DA SE STESSO PER
RIEMPIRSI LA VITA
CON LE VITE DEGLI ALTRI.
MI RACCONTANO
CHE IL SESSO LO REGALA
A CHIUNQUE NE ABBIA
DESIDERIO.
HA SVENDUTO OGNI COSA.
IL CUORE NO, NON LO
HA MAI POSSEDUTO.

Ma perché vi stupite?

Ogni posto
è il deserto
Quando
La solitudine
È
dentro

CIAO PARIGI.

INFERNO FRANCESE
FINALMENTE PARIGI
Rose rosse e lacrime

Ho fotografato solo le cose belle
Per ricordare La felicità
e forse NON DELUDERE la me del futuro

ma il tempo non cancella niente

ai collezionisti Come Noi
mossi dalla stessa
inquietudine di coloro che vegliano
sul lato oscuro del

PARADISO

L'abbraccio

C'ERANO UNA VOLTA

DUE COME NOI

volavano in **aria di battaglia**

VERSO IL CIELO

SENZA CONFINI CHIARI

alla cieca senza adeguarsi a niente

nel circo Di Errori e omissioni

Ora Il nostro abbraccio

è un limbo infinito

La danza della pena

movimento del pianto

che accompagna l'**ultrafine**

NON HO MAI CAPITO
CHE COSA GLI ATTRAVERSASSE
LA TESTA.

ANCORA LUI
l'eroe dimenticato
in Una stagione romantica
visionario e sognatore
voleva solo scrivere
lettere *D'*AMORE
con le penne alla vodka
per alterare
LE PAROLE
Il tocco quieto,
destinato
AD **andare fuori controllo**
NELLA GRAMMATICA DELL'UMANO

~~ADESSO È IL POSTO IN CUI
VORREI ESSERE.~~
ADESSO È IL POSTO IN CUI SONO.

Evitiamo la frenesia
del tempo
perduto
scavati dalla fame di vita
per NON SENTIRCI SOPRAFFATTI
non ci riconosciamo più tra di noi
al crepuscolo dell'epopea capitalista
E ADESSO,
SPEGNI I PENSIERI
Con me
per difendere L'immaginazione
l'arte
la velocità del mare

L'orizzonte si è fatto basso

il continente perduto
È SEMPRE PIÙ LONTANO

del futuro resta
la cronaca del **passato**
Ho visto la storia nel mio sguardo
questo **tempo**
Fuori dal palcoscenico

È L'ultimo piano

un balcone
sui fantasmi

la vita è bellissima

I PALAZZI SIGNORILI
GLI EDIFICI PUBBLICI
LE SCUOLE
LE CASE POPOLARI
TUTTI HANNO SAPUTO

Ho lasciato
le parole
sui muri delle città
La ribellione
la sofferenza
L'ASSENZA
CONTRO IL MURO
rendo sacra
L'inquietudine
così
un palazzo
un cortile
un abuso edilizio
si RICORDA DI ME

notte

DISORIENTATI, PRIVATI DELLE PROPRIE MAPPE EMOTIVE, GLI AMANTI SI SCAMBIANO LE BUSSOLE DELLE LORO VITE MA, RARAMENTE, LASCIANDOSI LE RESTITUISCONO.

Tutti al riparo

ha scelto di andare via

«Ci speravo,
ma adesso è finita»

Io so soltanto rubare,
ma ho pure sensi di colpa

d'ora in poi non parlo più

una lunga storia

cosa può accadere ora?

ma è stato un errore

nella notte

A COMBATTERE
CONTRO DI NOI»

le strade che dicono addio

PER SENTIRSI VIVI.

DEL MONDO
si accontenta
L'ostinata sopravvivenza
una vita semplice
Le notti tranquille
getta la spugna
avanti coi brividi
vivi un'avventura
Un nuovo Panorama
Felicità! POETICA E VIOLENTA»
I dubbi sul domani
Sentieri pericolosi
sorrisi e dolori lontani
Rosso rubino, bianco diamante, verde malachite,
ancora magie
voglio
L'UNIVERSO

DEVO ANDAREnella CITTÀ DEL FARE

per le strade di notte

dai contorni sfumati

I MIGLIORI

Un incontro davvero stellare

mi conquistò con le parole

Il vino, i libri e l'arte

NOI, Due disastri per niente naturali

Rinnegati, proibiti, perduti

Potrei innamorarmi e poi?

torno con i piedi per terra

sento il peso delle ali

spiegare anche l'inspiegabile

non è stato il buio, ma la luce

LE MANI GIUNTE
PER CHIEDERE
PER AMARE
PER RINGRAZIARE

Conosci
IL LUOGO DOVE
nel momento più duro
l'anima forte
cammina
A occhi chiusi
sull'orlo di
Una dolorosa preghiera

Tutta la vita è
dove torna la speranza

VIAGGI ILLIMITATI PER BAMBINI ETERNI.

Un treno nella notte

Ospita

una festa triste

Il luna park

delle cose perdute

Neon, suoni, rumori

di destini incrociati

addii che agitano

sentı crollare il cielo ?

Non ha funzionato

RICOMINCIARE DA ZERO

QUALI SONO LE MIE COLPE?
MOSTRATEMELE.
ORA CHE NON HO PIU' NESSUNO
DA ABBRACCIARE
DESIDERATE ANCHE LE MIE SCUSE
O PREFERITE CHE VI PERDONI?
LE MIE DOMANDE SENZA RISPOSTE
DOMANI SARANNO LA RABBIA
CHE NON CAPIRETE.

Il cielo stellato
dentro Gaza
SFUGGE ALLA NOSTRA VISTA
È un'altra notte **di veleno**
Non siamo graditi
la città sepolta
nasconde i contorni dell'esistenza
Dov'è mia madre?
e **mio padre** ?
non fate piangere i bimbi
Cercando **Dio** a mani nude nel fango
Ho **Trovato** la mia
solitudine

E VISSERO SCONTENTI
PERCHÉ NON AVEVANO
LA LUCE... LA RIFLETTEVANO

TUTTI VOGLIONO
La luce delle stelle
Che illumina La strada
per essere speciali Tra le rose rare
Lampi di vera gioia
lo stupore della vita
a contenere
tutte le misure DELL' immenso
Tutti vogliono
una storia di gloria
ma per tutti

La felicità è
Solo un equivoco

FALLIRE NON È STATO UN PROBLEMA.
FERIRE LO È STATO.

non c'è la tua firma
sul divorzio più sanguinoso
scritto di notte
Perché il dolore si sente più di notte

OSTAGGI AL TELEFONO

dico: «Voglio fuggire da qui»
e *La misura dell'amore*
è cambiata per sempre

due stelle cadenti nel deserto

NEL TUO CORPO
HO TROVATO TUTTA
LA COMPRENSIONE
DEL MONDO.

NEL SOLCO DELLE LUCI
dedicate alla sera
SI ACCENDE LA POESIA
DI DANZE
EUFORICHE
E SENSUALI
DIETRO LA LUNA ROSSA
A RIVEDER LE STELLE
C'È UN GRANDE
SCULTORE.
IL VENTO
ALIENO
BRUTALE
E SEI tu

e DISEGNI
ETERNI RITORNI

PURTROPPO. MOLTI DI NOI
SONO RIMASTI CON DELLE
DOMANDE.

La ferita ti spia
ama stare dietro le quinte

Tra L'insonnia del dolore
e la rimozione del non detto
è un boomerang
torna indietro
torna violenta

ti dice che cosa fare

corrompe l'umore
rende più drammatici
Il disagio e la gioia

rimane *scolpita*

E solo chi capisce le sue ragioni

La perdona

HO RISPOSTO CON IL BENE.
AGLI ATTI SONO RIMASTE LE
TUE PAROLE MISERE E IL
TENTATIVO DI UN MIO ABBRACCIO.
COSI' ABBIAMO DEFINITO CHI SIAMO.

Vi ho visto.
Che ci fate qua?
TUTTI COL BIBENDUM
a gioire delle sconfitte altrui
STRAPARLANDO Lucidamente,
cercate la vostra identità: nel mio ERRORE.
MA FINO A QUANDO?
Ormai qui si spara
sulle persone
Siete degli assassini con le Parole

Io
CREATURA LIBERA E FURIOSA
Ho abbracciato
tutti voi
per regolare i conti

Il cigno di notte

caos *Blu:*
sono io.
Mi riconoscerai
in tanti modi imperfetti
Attrattiva e repellente Come
la musica il buio
la notte la Luna UN SOGNO
UN CIGNO I Capelli
sul Braccio di ferro
di una Infelice favola romantica
perché non si cambia nome
Ma ci sono sempre
Spazi che parlano di NOI
non sono tornata
sono *INTORNO*

DI CHE SEGNO SEI?
E TI FIDI PIU' DELLE STELLE
CHE DELLE MIE PAROLE.
PER CAPIRMI PROVI A GUARDARE IL CIELO
MA NON INCROCI I MIEI OCCHI.

GALASSIA CREATIVA

c'è il risveglio dell'astrologo
Alla scoperta delLe storie invisibili
I nostri corpi STELLATI
senza un piano d'azzardo
Luna rosa Cresce ancora
e punta alla terra
Venere in CASA
si arrende un'altra volta
aL leone in fuga
Mercurio È ancora un eroe senza macchia?
l'indipendente gemelli
valuta le dimissioni
come spinta per rinascere

LUNA.

Scivola dalle braccia della luce

SALE SULLE COLLINE

di Tutta la città

i misteri

IL SOGNO

performance argento

sulla spiaggia

a vedere morire le onde

per Dimenticare

la trappola della gnosi

fa suonare Beethoven

"Tutto deve sembrare vero"

DOVE FUGGI UMANO?
TI ALLENI A CORRERE
PIU' VELOCE DEL TEMPO
E SPERI DI BARARE
AL TRAGUARDO.

l'eterno bambino
FUORI DAL TEMPO
vuole andare sulla luna
ha la pelle dura
per difendersi dal viaggio
sceglie L' infanzia
perché crea emozioni
Ma a che prezzo?
messa all'angolo
l'età
insorge

si schiantò contro la realtà
senza LIETO FINE

ELIMINA_

le menzogne
mi hanno ferito
dentro di me
dimissioni e accuse
si incontrano
mentre in lontananza si spara
con IL NOSTRO TOTEM IN MANO
e Il dito puntato per combattere

colpo finale
Si fa presto a dire
fine

UN VERO PECCATO.

la testa è vuota

si fa male da sola

e in una gara di banalità

per vincere

sfida il mondo

Senza mutande

messa alla prova

affronta la realtà

in miniatura

LA PORNOGRAFIA di ogni COSA è irresistibile.

CHE BEL PANORAMA

per La fine del mondo

NERO. TIEPIDO. SENZA ZUCCHERO.
PER RESTARE SVEGLIA LA NOTTE
MENTRE IL MONDO SI DIMENTICA
O E FOTTE, IO LAVORO AL MIO SOGNO
E NON DORMO, NON DORMO, NON DORMO.

DEL MIO STESSO SANGUE NESSUNO È
STATO QUI, SULLE MIE SOLE GAMBE
HO SCALATO LA MONTAGNA.

Io, cameriera
malinconica
grinta e
chitarra
PER NON AVER PAURA
perché senza
Si può piangere
Ho inventato
La strada per la mia stella
e nessuno potrà tornare indietro
folgorante
superumana

Una di me

Levante, *Opera quotidiana*
2024, tecnica mista

(olio su tela, carta, penna, forbici, colla, «Avvenire», «Corriere della Sera», «Corriere Salute», «D – la Repubblica delle donne», «Domani», «Domenica del Sole 24 Ore», «Il Foglio», «Il Sole 24 Ore», «il venerdì», «Internazionale», «iO Donna», «La Gazzetta dello Sport», «La Lettura», «la Repubblica», «La Stampa», «Robinson», «Sette», «tuttolibri».)

Milano

CLAUDIA LAGONA, in arte LEVANTE,
è una cantautrice siciliana. Ha pubblicato cinque album
di grande successo. Per Rizzoli ha pubblicato i romanzi
Se non ti vedo non esisti (2017), *Questa è l'ultima volta
che ti dimentico* (2018) e *E questo cuore non mente* (2021).

Finito di stampare nel mese di dicembre 2024
presso Errestampa – via Portico, 27 – Orio al Serio (BG)
Printed in Italy